TRANZLATY

Tá teanga ann do gach duine

Language is for everyone

Áilleacht agus an Beithíoch

Beauty and the Beast

Gabrielle-Suzanne Barbot de Villeneuve

Gaeilge / English

Copyright © 2025 Tranzlaty
All rights reserved
Published by Tranzlaty
ISBN: 978-1-83566-439-1
Original text by Gabrielle-Suzanne Barbot de Villeneuve
La Belle et la Bête
First published in French in 1740
Taken from The Blue Fairy Book (Andrew Lang)
Illustration by Walter Crane
www.tranzlaty.com

Bhí ceannaí saibhir ann uair amháin
There was once a rich merchant
seisear clainne a bhí ag an gceannaí saibhir seo
this rich merchant had six children
bhí triúr mac agus triúr iníonacha aige
he had three sons and three daughters
níor chosain sé aon chostas ar a gcuid oideachais
he spared no cost for their education
óir ba dhuine chiallmhar é
because he was a man of sense
ach thug sé go leor seirbhíseach dá leanaí
but he gave his children many servants
bhí a iníonacha thar a bheith álainn
his daughters were extremely pretty
agus bhí a iníon is óige go háirithe go hálainn
and his youngest daughter was especially pretty
mar leanbh bhí meas ar a áilleacht cheana féin
as a child her Beauty was already admired
agus na daoine a ghlaoigh uirthi de réir a áilleacht
and the people called her by her Beauty
níor tháinig meath ar a áilleacht agus í ag dul in aois
her Beauty did not fade as she got older
mar sin lean na daoine ag glaoch uirthi trína áilleacht
so the people kept calling her by her Beauty
chuir sé seo an-éad ar a deirfiúracha
this made her sisters very jealous
bhí an-bhród ar an mbeirt iníon ba shine
the two eldest daughters had a great deal of pride
ba é a saibhreas foinse a bród
their wealth was the source of their pride
agus níor chuir siad a bród i bhfolach ach an oiread
and they didn't hide their pride either
níor thug siad cuairt ar iníonacha ceannaithe eile
they did not visit other merchants' daughters
mar ní bhuaileann siad ach le uaisleacht
because they only meet with aristocracy

chuaigh siad amach gach lá chuig cóisirí
they went out every day to parties
liathróidí, drámaí, ceolchoirmeacha, agus mar sin de
balls, plays, concerts, and so forth
agus rinne siad gáire ar a deirfiúr is óige
and they laughed at their youngest sister
mar chaith sí an chuid is mó dá cuid ama ag léamh
because she spent most of her time reading
bhí a fhios go maith go raibh siad saibhir
it was well known that they were wealthy
mar sin d'iarr roinnt ceannaithe oirirce a lámh
so several eminent merchants asked for their hand
ach dúirt siad nach raibh siad chun pósadh
but they said they were not going to marry
ach bhí siad sásta roinnt eisceachtaí a dhéanamh
but they were prepared to make some exceptions
"b'fhéidir go bhféadfainn Diúc a phósadh"
"perhaps I could marry a Duke"
"Is dóigh liom go bhféadfainn Iarla a phósadh"
"I guess I could marry an Earl"
áilleacht an- civilly buíochas leo siúd a mhol di
Beauty very civilly thanked those that proposed to her
dúirt sí leo go raibh sí fós ró-óg le pósadh
she told them she was still too young to marry
theastaigh uaithi fanacht cúpla bliain eile lena hathair
she wanted to stay a few more years with her father
Ar an bpointe boise chaill an ceannaí a fhortún
All at once the merchant lost his fortune
chaill sé gach rud seachas teach beag tuaithe
he lost everything apart from a small country house
agus dúirt sé lena leanaí le deora ina shúile:
and he told his children with tears in his eyes:
"caithfidh muid dul go dtí an tuath"
"we must go to the countryside"
"agus caithfimid oibriú ar son ár mbeatha"
"and we must work for our living"

ní raibh an bheirt iníon ba shine ag iarraidh an baile a fhágáil
the two eldest daughters didn't want to leave the town
bhí roinnt leannán acu sa chathair
they had several lovers in the city
agus bhí siad cinnte go bpósfadh duine dá leannáin iad
and they were sure one of their lovers would marry them
cheap siad go bpósfadh a leannáin iad fiú gan aon fhortún
they thought their lovers would marry them even with no fortune
ach bhí dul amú ar na mban maith
but the good ladies were mistaken
thréig a leannáin iad go han-tapa
their lovers abandoned them very quickly
mar ní raibh aon rath orthu níos mó
because they had no fortunes any more
léirigh sé seo nár thaitin siad go maith leo
this showed they were not actually well liked
dúirt gach éinne nach bhfuil an trua tuillte acu
everybody said they do not deserve to be pitied
"tá áthas orainn a bród a fheiceáil faoi mhisneach"
"we are glad to see their pride humbled"
"Lig dóibh a bheith bródúil as bó a bhleán"
"let them be proud of milking cows"
ach bhí imní orthu maidir le háilleacht
but they were concerned for Beauty
bhí sí den sórt sin a creature milis
she was such a sweet creature
labhair sí go cineálta le daoine bochta
she spoke so kindly to poor people
agus bhí sí den sórt sin neamhchiontach
and she was of such an innocent nature
Phós roinnt daoine uaisle í
Several gentlemen would have married her
phósfaidís í cé go raibh sí bocht
they would have married her even though she was poor

ach dúirt sí leo nach bhféadfadh sí iad a phósadh
but she told them she couldn't marry them
mar ní fhágfadh sí a hathair
because she would not leave her father
bhí rún daingean aici dul leis go dtí an tuath
she was determined to go with him to the countryside
ionas go bhféadfadh sí a chompord agus cabhrú leis
so that she could comfort and help him
Bhí an-bhrón ar áilleacht bhocht ar dtús
Poor Beauty was very grieved at first
bhí brón uirthi nuair a cailleadh a fortún
she was grieved by the loss of her fortune
"Ach ní athróidh an caoineadh mo rath"
"but crying won't change my fortunes"
"Caithfidh mé iarracht a dhéanamh mé féin a dhéanamh sásta gan saibhreas"
"I must try to make myself happy without wealth"
tháinig siad go dtí a teach tuaithe
they came to their country house
agus rinne an ceannaí agus a thriúr mac iad féin a shaoirsiú
and the merchant and his three sons applied themselves to husbandry
áilleacht ardaigh ag a ceathair ar maidin
Beauty rose at four in the morning
agus rinne sí deifir ar an teach a ghlanadh
and she hurried to clean the house
agus rinne sí cinnte go raibh an dinnéar réidh
and she made sure dinner was ready
ar dtús fuair sí an-deacair a saol nua
in the beginning she found her new life very difficult
mar ní raibh sí i dtaithí ar a leithéid d'obair
because she had not been used to such work
ach i níos lú ná dhá mhí d'fhás sí níos láidre
but in less than two months she grew stronger
agus bhí sí níos sláintiúla ná riamh
and she was healthier than ever before

tar éis di a cuid oibre a dhéanamh léigh sí
after she had done her work she read
sheinn sí ar an gcláirseach
she played on the harpsichord
nó canadh sí agus sí ag sníomh síoda
or she sung whilst she spun silk
a mhalairt ar fad, ní raibh a fhios ag a beirt deirfiúracha conas a gcuid ama a chaitheamh
on the contrary, her two sisters did not know how to spend their time
d'éirigh siad ag a deich agus ní dhearna siad faic ach leisc ar feadh an lae
they got up at ten and did nothing but laze about all day
rinne siad caoineadh ar cailleadh a gcuid éadaí mín
they lamented the loss of their fine clothes
agus rinne siad gearán faoi chailliúint a lucht aitheantais
and they complained about losing their acquaintances
"Féach ar ár deirfiúr is óige," a dúirt siad lena chéile
"Have a look at our youngest sister," they said to each other
"Créatúr bocht dúr í"
"what a poor and stupid creature she is"
"tá sé i gceist a bheith sásta le chomh beag"
"it is mean to be content with so little"
bhí tuairim éagsúil ag an gceannaí cineálta
the kind merchant was of quite a different opinion
bhí a fhios aige go han-mhaith go raibh áilleacht ag cur as dá deirfiúracha
he knew very well that Beauty outshone her sisters
léirigh sí iad i gcarachtar agus i meon
she outshone them in character as well as mind
bhí meas aige ar a umhlaíocht agus ar a cuid oibre crua
he admired her humility and her hard work
ach is mó ar fad admired sé a foighne
but most of all he admired her patience
d'fhág a deirfiúracha an obair ar fad le déanamh aici
her sisters left her all the work to do

agus rinne siad masla di gach nóiméad
and they insulted her every moment
Bhí cónaí ar an teaghlach mar seo le thart ar bhliain
The family had lived like this for about a year
ansin fuair an ceannaí litir ó chuntasóir
then the merchant got a letter from an accountant
bhí infheistíocht aige i long
he had an investment in a ship
agus tháinig an long slán
and the ship had safely arrived
t chas a nuacht cinn an bheirt iníon ba shine
this news turned the heads of the two eldest daughters
Bhí súil láithreach acu filleadh ar an mbaile
they immediately had hopes of returning to town
mar go raibh siad tuirseach traochta de shaol na tuaithe
because they were quite weary of country life
chuaigh siad chuig a n-athair agus é ag imeacht
they went to their father as he was leaving
d'impigh siad air éadaí nua a cheannach dóibh
they begged him to buy them new clothes
gúnaí, ribíní, agus gach cineál rudaí beaga
dresses, ribbons, and all sorts of little things
ach d'iarr áilleacht rud ar bith
but Beauty asked for nothing
mar cheap sí nach raibh an t-airgead chun a bheith go leor
because she thought the money wasn't going to be enough
ní bheadh go leor ann chun gach rud a theastaigh óna deirfiúracha a cheannach
there wouldn't be enough to buy everything her sisters wanted
"Cad ba mhaith leat, áilleacht?" a d'fhiafraigh a hathair
"What would you like, Beauty?" asked her father
"Go raibh maith agat, a athair, as an mhaitheas a bheith ag smaoineamh orm," a dúirt sí
"thank you, father, for the goodness to think of me," she said
"Athair, bí chomh cineálta leat rós a thabhairt chugam"

"father, be so kind as to bring me a rose"
"toisc nach bhfásann rósanna anseo sa ghairdín"
"because no roses grow here in the garden"
"agus tá rósanna ar chineál annamh"
"and roses are a kind of rarity"
ní raibh áilleacht i ndáiríre faoi chúram rósanna
Beauty didn't really care for roses
níor iarr sí ach rud éigin nach gcáinfeadh a deirfiúracha
she only asked for something not to condemn her sisters
ach shíl a deirfiúracha gur iarr sí rósanna ar chúiseanna eile
but her sisters thought she asked for roses for other reasons
"Rinne sí é ach breathnú ar leith"
"she did it just to look particular"
Chuaigh an fear cineálta ar a thuras
The kind man went on his journey
ach nuair a tháinig sé rinne siad argóint faoin marsantas
but when he arrived they argued about the merchandise
agus tar éis mórán trioblóide tháinig sé ar ais chomh bocht agus a bhí roimhe
and after a lot of trouble he came back as poor as before
bhí sé taobh istigh de chúpla uair an chloig dá theach féin
he was within a couple of hours of his own house
agus shamhlaigh sé cheana féin an-áthas ar a leanaí a fheiceáil
and he already imagined the joy of seeing his children
ach nuair a chuaigh sé tríd an bhforaois chuaigh sé amú
but when going through forest he got lost
bhí sé ag cur báistí agus ag cur sneachta go uafásach
it rained and snowed terribly
bhí an ghaoth chomh láidir gur chaith sé as a chapall é
the wind was so strong it threw him off his horse
agus bhí an oíche ag teacht go tapa
and night was coming quickly
thosaigh sé ag smaoineamh go bhféadfadh sé ocras
he began to think that he might starve
agus shíl sé go bhféadfadh sé reo chun báis

and he thought that he might freeze to death
agus cheap sé go bhféadfadh mac tíre é a ithe
and he thought wolves may eat him
na wolves a chuala sé ag caoineadh timpeall air
the wolves that he heard howling all round him
ach go tobann chonaic sé solas
but all of a sudden he saw a light
chonaic sé an solas i bhfad tríd na crainn
he saw the light at a distance through the trees
nuair a tháinig sé níos gaire chonaic sé go raibh an solas ina phálás
when he got closer he saw the light was a palace
bhí an pálás soilsithe ó bhun go barr
the palace was illuminated from top to bottom
ghabh an ceannaí buíochas le Dia as a ádh
the merchant thanked God for his luck
ocus ruccsat don phálás
and he hurried to the palace
ach bhí ionadh air gan daoine a fheiceáil sa phálás
but he was surprised to see no people in the palace
bhí clós na cúirte go hiomlán folamh
the court yard was completely empty
agus ní raibh aon chomhartha den saol in aon áit
and there was no sign of life anywhere
lean a chapall é isteach sa phálás
his horse followed him into the palace
agus ansin fuair a chapall stábla mór
and then his horse found large stable
bhí an t-ainmhí bocht beagnach famished
the poor animal was almost famished
mar sin chuaigh a chapall isteach chun féar agus coirce a fháil
so his horse went in to find hay and oats
ar an dea-uair fuair sé neart le hithe
fortunately he found plenty to eat
agus cheangail an ceannaí a chapall suas leis an mbainisteoir

and the merchant tied his horse up to the manger
ag siúl i dtreo an tí ní fhaca sé éinne
walking towards the house he saw no one
ach i halla mór fuair sé tine maith
but in a large hall he found a good fire
agus fuair sé bord leagtha do cheann amháin
and he found a table set for one
bhí sé fliuch ón mbáisteach agus ón sneachta
he was wet from the rain and snow
mar sin chuaigh sé in aice leis an tine a thriomú é féin
so he went near the fire to dry himself
"Tá súil agam go ndéanfaidh máistir an tí mo leithscéal"
"I hope the master of the house will excuse me"
"Is dócha nach dtógfaidh sé i bhfad do dhuine éigin a bheith i láthair"
"I suppose it won't take long for someone to appear"
D'fhan sé tamall maith
He waited a considerable time
d'fhan sé go dtí gur bhuail sé a haon déag, agus fós níor tháinig aon duine
he waited until it struck eleven, and still nobody came
faoi dheireadh bhí sé chomh ocras sin go bhféadfadh sé fanacht a thuilleadh
at last he was so hungry that he could wait no longer
thóg sé sicín agus d'ith sé ina dhá bhéal é
he took some chicken and ate it in two mouthfuls
bhí crith air agus é ag ithe an bhia
he was trembling while eating the food
ina dhiaidh seo d'ól sé cúpla gloine fíona
after this he drank a few glasses of wine
ag fás níos misniúla chuaigh sé amach as an halla
growing more courageous he went out of the hall
agus thrasnaigh sé trí hallaí móra éagsúla
and he crossed through several grand halls
shiúil sé tríd an bpálás go dtí gur tháinig sé isteach i seomra
he walked through the palace until he came into a chamber

seomra a raibh leaba shármhaith ann
a chamber which had an exceeding good bed in it
bhí tuirse mhór air as a gcruachás
he was very much fatigued from his ordeal
agus bhí an t-am cheana féin tar éis meán oíche
and the time was already past midnight
mar sin shocraigh sé gurbh fhearr an doras a dhúnadh
so he decided it was best to shut the door
agus chinn sé gur chóir dó dul a chodladh
and he concluded he should go to bed
Bhí sé deich ar maidin nuair a dhúisigh an ceannaí
It was ten in the morning when the merchant woke up
díreach mar a bhí sé ag dul a ardú chonaic sé rud éigin
just as he was going to rise he saw something
bhí ionadh air éadaí glan a fheiceáil
he was astonished to see a clean set of clothes
san áit a raibh a chuid éadaigh salach fágtha aige
in the place where he had left his dirty clothes
"Is cinnte gur le sióg de shaghas éigin an pálás seo"
"certainly this palace belongs to some kind fairy"
" sióg a chonaic agus a trua liom"
"a fairy who has seen and pitied me"
d'fhéach sé trí fhuinneog
he looked through a window
ach in ionad sneachta chonaic sé an gairdín is aoibhne
but instead of snow he saw the most delightful garden
agus sa ghairdín a bhí na rósaí is áille
and in the garden were the most beautiful roses
d'fhill sé ansin ar an halla mór
he then returned to the great hall
an halla ina raibh anraith aige an oíche roimh ré
the hall where he had had soup the night before
agus fuair sé roinnt seacláide ar bhord beag
and he found some chocolate on a little table
"Go raibh maith agat, maith Madam Fairy," a dúirt sé os ard
"Thank you, good Madam Fairy," he said aloud

"go raibh maith agat as a bheith chomh comhbhách"
"thank you for being so caring"
"Táim an-dhualgas ort as gach fabhar"
"I am extremely obliged to you for all your favours"
d'ól an fear cineálta a sheacláid
the kind man drank his chocolate
agus ansin chuaigh sé ar lorg a chapaill
and then he went to look for his horse
ach sa ghairdín chuimhnigh sé ar iarratas áilleacht
but in the garden he remembered Beauty's request
agus ghearr sé amach brainse de rósanna
and he cut off a branch of roses
láithreach chuala sé torann mór
immediately he heard a great noise
agus chonaic sé beithíoch uafásach scanrúil
and he saw a terribly frightful Beast
bhí an oiread sin faitíos air go raibh sé réidh le lagú
he was so scared that he was ready to faint
"Tá tú an-mhí-thaitneamhach," a dúirt an beithíoch leis
"You are very ungrateful," said the Beast to him
agus labhair an Beithíoch i nguth uafásach
and the Beast spoke in a terrible voice
"Shábháil mé do shaol trí ligean isteach i mo chaisleán thú"
"I have saved your life by allowing you into my castle"
"agus mar gheall air seo goid tú mo rósanna sa tuairisceán?"
"and for this you steal my roses in return?"
"Na rósanna is luach liom thar rud ar bith"
"The roses which I value beyond anything"
"Ach gheobhaidh tú bás mar gheall ar a bhfuil déanta agat"
"but you shall die for what you've done"
"Ní thugaim ach ceathrú uaire duit chun tú féin a ullmhú"
"I give you but a quarter of an hour to prepare yourself"
"Bí réidh chun báis agus abair do ghuí"
"get yourself ready for death and say your prayers"
thit an ceannaí ar a ghlúine
the merchant fell on his knees

agus thóg sé suas a dhá láimh
and he lifted up both his hands
"A thighearna, impím ort logh dom"
"My lord, I beseech you to forgive me"
"Ní raibh aon rún agam tú a chur amú"
"I had no intention of offending you"
"Bhailigh mé rós do dhuine de mo iníonacha"
"I gathered a rose for one of my daughters"
"d'iarr sí orm rós a thabhairt di"
"she asked me to bring her a rose"
"Ní mise do thiarna, ach is beithíoch mé," d'fhreagair an ollphéist
"I am not your lord, but I am a Beast," replied the monster
"Ní breá liom moladh"
"I don't love compliments"
"Is maith liom daoine a labhraíonn mar a cheapann siad"
"I like people who speak as they think"
"ná samhlaigh gur féidir liom a bheith bogtha le maidhm"
"do not imagine I can be moved by flattery"
"Ach deir tú go bhfuil iníonacha agat"
"But you say you have got daughters"
"Beidh mé logh duit ar choinníoll amháin"
"I will forgive you on one condition"
"Caithfidh duine de do iníonacha teacht go dtí mo phálás go toilteanach"
"one of your daughters must come to my palace willingly"
"agus caithfidh sí fulaingt ar do shon"
"and she must suffer for you"
"Lig dom d'fhocal"
"Let me have your word"
"agus ansin is féidir leat dul faoi do ghnó"
"and then you can go about your business"
"Geall dom seo:"
"Promise me this:"
"Má dhiúltaíonn d'iníon bás ar do shon, ní mór duit filleadh laistigh de thrí mhí"

"if your daughter refuses to die for you, you must return within three months"
ní raibh aon rún ag an gceannaí a iníonacha a íobairt
the merchant had no intentions to sacrifice his daughters
ach, ó tugadh am dó, bhí sé ag iarraidh a iníonacha a fheiceáil arís
but, since he was given time, he wanted to see his daughters once more
mar sin gheall sé go mbeadh sé ar ais
so he promised he would return
agus dúirt an beithíoch leis go dtiocfadh sé amach nuair a bheadh sé sásta
and the Beast told him he might set out when he pleased
agus d'inis an beithíoch rud amháin eile dó
and the Beast told him one more thing
"ní imeoidh tú folamh"
"you shall not depart empty handed"
"téigh ar ais go dtí an seomra ina luí tú"
"go back to the room where you lay"
"Feicfidh tú cófra stór mór folamh"
"you will see a great empty treasure chest"
"líon an ciste taisce le pé rud is fearr leat"
"fill the treasure chest with whatever you like best"
"Agus seolfaidh mé an ciste taisce chuig do theach"
"and I will send the treasure chest to your home"
agus ag an am céanna tharraing an beithíoch siar
and at the same time the Beast withdrew
"Bhuel," a dúirt an fear maith leis féin
"Well," said the good man to himself
"Más gá dom bás a fháil, ar a laghad fágfaidh mé rud éigin ag mo pháistí"
"if I must die, I shall at least leave something to my children"
mar sin d'fhill sé ar an seomra leapa
so he returned to the bedchamber
agus fuair sé iomad píosa óir
and he found a great many pieces of gold

líon sé an ciste taisce a bhí luaite ag an beithíoch
he filled the treasure chest the Beast had mentioned
agus thug sé a chapall as an stábla
and he took his horse out of the stable
bhí an t-áthas a mhothaigh sé agus é ag dul isteach sa phálás cothrom anois leis an mbrón a mhothaigh sé á fhágáil
the joy he felt when entering the palace was now equal to the grief he felt leaving it
ghlac an capall ceann de bhóithre na foraoise
the horse took one of the roads of the forest
agus i gceann cúpla uair a bhí an fear maith abhaile
and in a few hours the good man was home
tháinig a chlann chuige
his children came to him
ach in ionad a gclúdaigh a fháil le pléisiúr, d'fhéach sé orthu
but instead of receiving their embraces with pleasure, he looked at them
choinnigh sé suas an brainse a bhí ina lámha aige
he held up the branch he had in his hands
agus ansin pléasctha sé i Tears
and then he burst into tears
"áilleacht," ar seisean, "tóg na rósanna seo le do thoil"
"Beauty," he said, "please take these roses"
"níl a fhios agat cé chomh costasach is a bhí na rósanna seo"
"you can't know how costly these roses have been"
"Chosain na rósanna seo a shaol ar d'athair"
"these roses have cost your father his life"
agus ansin d'inis sé faoina eachtra marfach
and then he told of his fatal adventure
láithreach ghlaoigh an bheirt deirfiúracha ba shine amach
immediately the two eldest sisters cried out
agus dúirt siad go leor rudaí meánacha lena deirfiúr álainn
and they said many mean things to their beautiful sister
ach ní raibh áilleacht ag caoineadh ar chor ar bith
but Beauty did not cry at all
"Féach ar bród an truaigh bhig sin," ar siad

"Look at the pride of that little wretch," said they
"Níor iarr sí éadaí míne"
"she did not ask for fine clothes"
"Ba cheart di a bheith déanta cad a rinne muid"
"she should have done what we did"
"Bhí sí ag iarraidh idirdhealú a dhéanamh idir í féin"
"she wanted to distinguish herself"
"mar sin anois beidh sí bás ár n-athar"
"so now she will be the death of our father"
"agus fós ní chaillfidh sí deoir"
"and yet she does not shed a tear"
"Cén fáth ar chóir dom gol?" fhreagair áilleacht
"Why should I cry?" answered Beauty
"bheadh an caoineadh gan ghá"
"crying would be very needless"
"Ní bheidh m'athair ag fulaingt ar mo shon"
"my father will not suffer for me"
"Glacfaidh an ollphéist le duine dá iníonacha"
"the monster will accept of one of his daughters"
"Déanfaidh mé mé féin a thairiscint suas lena fhearg go léir"
"I will offer myself up to all his fury"
"Tá áthas an domhain orm, mar beidh mo bhás a shábháil saol m'athar"
"I am very happy, because my death will save my father's life"
"Beidh mo bhás mar chruthúnas ar mo ghrá"
"my death will be a proof of my love"
"Ní hea, a dheirfiúr," a dúirt a triúr deartháireacha
"No, sister," said her three brothers
"ní bheidh sin"
"that shall not be"
"Rachaidh muid a fháil ar an ollphéist"
"we will go find the monster"
"agus maróidh muid é ..."
"and either we will kill him..."
"...nó caillfimid san iarracht"
"... or we will perish in the attempt"

"Ná samhlaigh aon rud mar sin, a mhic," ars an ceannaí
"Do not imagine any such thing, my sons," said the merchant
"Tá cumhacht an beithíoch chomh mór sin nach bhfuil aon dóchas agam go bhféadfá é a shárú"
"the Beast's power is so great that I have no hope you could overcome him"
"Tá áthas orm le tairiscint chineálta agus flaithiúil na háilleachta"
"I am charmed with Beauty's kind and generous offer"
"Ach ní féidir liom glacadh lena flaithiúlacht"
"but I cannot accept to her generosity"
"Tá mé sean, agus ní fada go mbeidh mé beo"
"I am old, and I don't have long to live"
"mar sin ní féidir liom ach cúpla bliain a scaoileadh"
"so I can only loose a few years"
"Am a bhfuil aiféala orm ar do shon, a pháistí daor"
"time which I regret for you, my dear children"
"Ach athair," a dúirt áilleacht
"But father," said Beauty
"ní rachaidh tú go dtí an pálás gan mise"
"you shall not go to the palace without me"
"ní féidir leat stop a chur orm ó do leanúint"
"you cannot stop me from following you"
d'fhéadfadh aon rud áilleacht a chur ina luí ar shlí eile
nothing could convince Beauty otherwise
go áitigh sí dul go dtí an pálás breá
she insisted on going to the fine palace
agus bhí áthas ar a deirfiúracha a insistence
and her sisters were delighted at her insistence
Bhí imní ar an gceannaí faoin smaoineamh go gcaillfí a iníon
The merchant was worried at the thought of losing his daughter
bhí sé chomh buartha sin go ndearna sé dearmad ar an cófra a bhí lán d'ór
he was so worried that he had forgotten about the chest full of

gold
san oíche scoir sé chun sosa, agus dhún sé a doras seomra
at night he retired to rest, and he shut his chamber door
ansin, is mór an t-ionadh a bhí air, fuair sé an taisce le taobh a leapa
then, to his great astonishment, he found the treasure by his bedside
bhí sé meáite ar gan insint dá leanaí
he was determined not to tell his children
dá mbeadh a fhios acu, bheadh fonn orthu filleadh ar an mbaile
if they knew, they would have wanted to return to town
agus bhí rún aige gan an tuath a fhágáil
and he was resolved not to leave the countryside
ach muinín aige áilleacht leis an rún
but he trusted Beauty with the secret
chuir sí in iúl dó go raibh beirt fhear uasal tagtha
she informed him that two gentlemen had came
agus rinne siad moltaí dá deirfiúracha
and they made proposals to her sisters
d'impigh sí ar a hathair toiliú lena bpósadh
she begged her father to consent to their marriage
agus d'iarr sí air cuid dá fhortún a thabhairt dóibh
and she asked him to give them some of his fortune
bhí sí maite cheana féin dóibh
she had already forgiven them
chuimil na créatúir olc a súile le oinniúin
the wicked creatures rubbed their eyes with onions
roinnt deora a bhrú nuair a scar siad lena deirfiúr
to force some tears when they parted with their sister
ach bhí imní ar a deartháireacha i ndáiríre
but her brothers really were concerned
áilleacht an t-aon duine nár chaill aon deora
Beauty was the only one who did not shed any tears
ní raibh sí ag iarraidh cur lena n-neamhshuíomh
she did not want to increase their uneasiness

ghabh an capall an bóthar díreach go dtí an pálás
the horse took the direct road to the palace
agus i dtreo tráthnóna chonaic siad an Pálás soilsithe
and towards evening they saw the illuminated palace
thóg an capall é féin isteach sa stábla arís
the horse took himself into the stable again
agus chuaidh an fear maith agus a inghean isteach sa halla mór
and the good man and his daughter went into the great hall
anseo fuair siad tábla seirbheáilte suas splendidly suas
here they found a table splendidly served up
ní raibh aon goile le hithe ag an gceannaí
the merchant had no appetite to eat
ach áilleacht iarracht le feiceáil cheerful
but Beauty endeavoured to appear cheerful
shuigh sí síos ag an mbord agus chabhraigh sí lena hathair
she sat down at the table and helped her father
ach cheap sí léi féin freisin:
but she also thought to herself:
"Is cinnte gur mian le Beithíoch mé a ramhrú sula n-itheann sé mé"
"Beast surely wants to fatten me before he eats me"
"Is é sin an fáth a sholáthraíonn sé siamsaíocht flúirseach"
"that is why he provides such plentiful entertainment"
tar éis ithe chuala siad torann mór
after they had eaten they heard a great noise
agus d'iarr an ceannaí slán lena leanbh trua, le deora ina shúile
and the merchant bid his unfortunate child farewell, with tears in his eyes
mar bhí a fhios aige go raibh an beithíoch ag teacht
because he knew the Beast was coming
bhí faitíos ar áilleacht ag a fhoirm horrid
Beauty was terrified at his horrid form
ach ghlac sí misneach chomh maith agus a d'fhéadfadh sí
but she took courage as well as she could

agus d'fhiafraigh an ollphéist di ar tháinig sí go toilteanach
and the monster asked her if she came willingly
"Sea, táim tar éis teacht go toilteanach," a dúirt sí ar crith
"yes, I have come willingly," she said trembling
d'fhreagair an beithíoch, "Tá tú an-mhaith"
the Beast responded, "You are very good"
"agus tá dualgas mór orm a thabhairt duit; fear macánta"
"and I am greatly obliged to you; honest man"
"téigh do bhealaí maidin amárach"
"go your ways tomorrow morning"
"ach ná smaoinigh ar theacht anseo arís"
"but never think of coming here again"
"Slán áilleacht, Beithíoch slán," d'fhreagair sé
"Farewell Beauty, farewell Beast," he answered
agus láithreach tharraing an ollphéist siar
and immediately the monster withdrew
"Ó, a iníon," a dúirt an ceannaí
"Oh, daughter," said the merchant
agus do ghabh sé a inghean arís
and he embraced his daughter once more
"Tá mé beagnach scanraithe chun báis"
"I am almost frightened to death"
"Creidim, b'fhearr duit dul ar ais"
"believe me, you had better go back"
"Lig dom fanacht anseo, in ionad tú"
"let me stay here, instead of you"
"Níl, athair," a dúirt áilleacht, i ton diongbháilte
"No, father," said Beauty, in a resolute tone
"cuirfidh tú amach maidin amárach"
"you shall set out tomorrow morning"
"Fág faoi chúram agus faoi choimirce na deonaithe mé"
"leave me to the care and protection of providence"
mar sin féin chuaigh siad a chodladh
nonetheless they went to bed
cheap siad nach ndúnfaidís a súile ar feadh na hoíche
they thought they would not close their eyes all night

ach díreach mar a luigh siad síos chodail siad
but just as they lay down they slept
shamhlaigh áilleacht tháinig bean bhreá agus dúirt léi:
Beauty dreamed a fine lady came and said to her:
"Tá mé sásta, a áilleacht, le do thoil"
"I am content, Beauty, with your good will"
"Ní rachaidh an dea-ghníomh seo uait gan luach"
"this good action of yours shall not go unrewarded"
dhúisigh áilleacht agus d'inis sí a aisling dá hathair
Beauty waked and told her father her dream
chabhraigh an aisling beagán a chompord dó
the dream helped to comfort him a little
ach ní fhéadfadh sé cabhrú ag caoineadh bitterly mar a bhí sé ag imeacht
but he could not help crying bitterly as he was leaving
chomh luath agus a bhí sé imithe, shuigh áilleacht síos sa halla mór agus ghlaoigh freisin
as soon as he was gone, Beauty sat down in the great hall and cried too
ach réitigh sí gan a bheith uneasy
but she resolved not to be uneasy
chinn sí a bheith láidir ar feadh an ama beag a bhí fágtha aici le maireachtáil
she decided to be strong for the little time she had left to live
óir chreid sí go daingean go n-íosfadh an beithíoch í
because she firmly believed the Beast would eat her
áfach, cheap sí go bhféadfadh sí an Pálás a iniúchadh freisin
however, she thought she might as well explore the palace
agus theastaigh uaithi an caisleán breá a fheiceáil
and she wanted to view the fine castle
caisleán nach bhféadfadh sí cabhrú leis
a castle which she could not help admiring
pálás breá taitneamhach a bhí ann
it was a delightfully pleasant palace
agus bhí an-iontas uirthi doras a fheiceáil
and she was extremely surprised at seeing a door

agus os cionn an dorais bhí scríofa go raibh sé a seomra
and over the door was written that it was her room
d'oscail sí an doras go pras
she opened the door hastily
agus bhí sí dazzled go leor leis an magnificence an tseomra
and she was quite dazzled with the magnificence of the room
ba é an rud ba mhó a thóg a aird ná leabharlann mhór
what chiefly took up her attention was a large library
cruitchord agus roinnt leabhar ceoil
a harpsichord and several music books
"Bhuel," a dúirt sí léi féin
"Well," said she to herself
"Feicim nach ligfidh an beithíoch mo chuid ama a chrochadh go trom"
"I see the Beast will not let my time hang heavy"
ansin rinne sí machnamh uirthi féin faoina cás
then she reflected to herself about her situation
"Dá mbeadh sé i gceist agam fanacht lá ní bheadh sé seo ar fad anseo"
"If I was meant to stay a day all this would not be here"
spreag an chomaoin seo í le misneach úr
this consideration inspired her with fresh courage
agus thóg sí leabhar óna leabharlann nua
and she took a book from her new library
agus léigh sí na focail seo i litreacha órga:
and she read these words in golden letters:
"Fáilte roimh áilleacht, bain an eagla"
"Welcome Beauty, banish fear"
"Tá tú banríon agus máistreás anseo"
"You are queen and mistress here"
"Labhair do mhianta, labhair do thoil"
"Speak your wishes, speak your will"
"Buaileann géilliúlacht sciobtha do mhianta anseo"
"Swift obedience meets your wishes here"
"Mo thrua," ar sise, le osna
"Alas," said she, with a sigh

"Go mór mór is mian liom m'athair bocht a fheiceáil"
"Most of all I wish to see my poor father"
"agus ba mhaith liom a fháil amach cad atá á dhéanamh aige"
"and I would like to know what he is doing"
Chomh luath agus a bhí sé seo ráite aici thug sí an scáthán faoi deara
As soon as she had said this she noticed the mirror
chun an t-iontas mór a bhí uirthi chonaic sí a teach féin sa scáthán
to her great amazement she saw her own home in the mirror
tháinig a hathair traochta go mothúchánach
her father arrived emotionally exhausted
chuaigh a deirfiúracha chun bualadh leis
her sisters went to meet him
in ainneoin a n-iarrachtaí le feiceáil brón, bhí a n-áthas le feiceáil
despite their attempts to appear sorrowful, their joy was visible
nóiméad ina dhiaidh sin imithe gach rud
a moment later everything disappeared
agus d'imigh imní na háilleachta freisin
and Beauty's apprehensions disappeared too
le haghaidh bhí a fhios aici go bhféadfadh sí muinín an Beithíoch
for she knew she could trust the Beast
Ag meán lae fuair sí an dinnéar réidh
At noon she found dinner ready
shuigh sí í féin síos ag an mbord
she sat herself down at the table
ocus ro chuiredh comairle ceoil í
and she was entertained with a concert of music
cé nach raibh sí in ann aon duine a fheiceáil
although she couldn't see anybody
san oíche shuigh sí síos don suipéar arís
at night she sat down for supper again

an uair seo chuala sí an torann a rinne an beithíoch
this time she heard the noise the Beast made
agus ní fhéadfadh sí cabhrú a bheith terrified
and she could not help being terrified
"áilleacht," a dúirt an ollphéist
"Beauty," said the monster
"An bhfuil cead agat dom a ithe in éineacht leat?"
"do you allow me to eat with you?"
"Déan mar atá tú le do thoil," d'fhreagair áilleacht crith
"do as you please," Beauty answered trembling
"Ní hea," d'fhreagair an Beithíoch
"No," replied the Beast
"tá tú i d'aonar máistreás anseo"
"you alone are mistress here"
"Is féidir leat mé a chur ar shiúl má tá mé trioblóideach"
"you can send me away if I'm troublesome"
"cuir uait mé agus tarraingeoidh mé siar láithreach"
"send me away and I will immediately withdraw"
"Ach, inis dom; nach dóigh leat go bhfuil mé an-ghránna?"
"But, tell me; do you not think I am very ugly?"
"Tá sé sin fíor," a dúirt áilleacht
"That is true," said Beauty
"Ní féidir liom bréag a rá"
"I cannot tell a lie"
"Ach creidim go bhfuil tú an-mhaith"
"but I believe you are very good natured"
"Tá mé go deimhin," a dúirt an ollphéist
"I am indeed," said the monster
"Ach seachas mo ghránna, níl aon chiall agam freisin"
"But apart from my ugliness, I also have no sense"
"Tá a fhios agam go maith gur créatúr amaideach mé"
"I know very well that I am a silly creature"
"Ní haon chomhartha baois é smaoineamh amhlaidh,"
d'fhreagair áilleacht
"It is no sign of folly to think so," replied Beauty
"Ith ansin, a áilleacht," a dúirt an ollphéist

"Eat then, Beauty," said the monster

"Déan iarracht tú féin a spraoi i do phálás"

"try to amuse yourself in your palace"

"Is leatsa gach rud anseo"

"everything here is yours"

"agus bheinn an-mhí-shuaimhnis muna mbeifeá sásta"

"and I would be very uneasy if you were not happy"

"Tá tú an-oibleagáid," d'fhreagair áilleacht

"You are very obliging," answered Beauty

"Admhaím go bhfuilim sásta le do chineáltas"

"I admit I am pleased with your kindness"

"Agus nuair a mheasaim do chineáltas, is ar éigean a thugaim faoi deara do chuid lochtanna"

"and when I consider your kindness, I hardly notice your deformities"

"Tá, tá," ars an beithíoch, "tá mo chroidhe go maith

"Yes, yes," said the Beast, "my heart is good

"Ach cé go bhfuil mé go maith, is ollphéist mé fós"

"but although I am good, I am still a monster"

"Is iomaí fear a thuilleann an t-ainm sin níos mó ná tusa"

"There are many men that deserve that name more than you"

"agus is fearr liom tú díreach mar atá tú"

"and I prefer you just as you are"

"agus is fearr liom tú níos mó ná iad siúd a cheiltíonn croí mí-áitneamhach"

"and I prefer you more than those who hide an ungrateful heart"

"Más rud é amháin go raibh mé roinnt ciall," d'fhreagair an Beithíoch

"if only I had some sense," replied the Beast

"dá mbeadh ciall agam dhéanfainn moladh breá buíochas a ghabháil leat"

"if I had sense I would make a fine compliment to thank you"

"ach táim chomh suarach"

"but I am so dull"

"Ní féidir liom ach a rá go bhfuil mé faoi oibleagáid mhór

ort"
"I can only say I am greatly obliged to you"
áilleacht ith suipéar hearty
Beauty ate a hearty supper
agus bhí sí beagnach conquered a dread an ollphéist
and she had almost conquered her dread of the monster
ach theastaigh uaithi a faint nuair a d'iarr an Beithíoch di an chéad cheist eile
but she wanted to faint when the Beast asked her the next question
"áilleacht, an mbeidh tú i mo bhean chéile?"
"Beauty, will you be my wife?"
thóg sí tamall sula bhféadfadh sí freagra a thabhairt
she took some time before she could answer
óir bhí eagla uirthi fearg a chur air
because she was afraid of making him angry
faoi dheireadh, áfach, dúirt sí "ní hea, Beithíoch"
at last, however, she said "no, Beast"
láithreach hissed an ollphéist bocht an- scanrúil
immediately the poor monster hissed very frightfully
agus macalla an pálás uile
and the whole palace echoed
ach áilleacht a ghnóthú go luath as a eagla
but Beauty soon recovered from her fright
óir labhair Beithíoch arís i nguth caoineadh
because Beast spoke again in a mournful voice
"Slán leat, a áilleacht"
"then farewell, Beauty"
agus níor chuaidh sé ach ar ais anois agus arís
and he only turned back now and then
chun breathnú uirthi mar a chuaigh sé amach
to look at her as he went out
anois bhí áilleacht ina n-aonar arís
now Beauty was alone again
mhothaigh sí go leor comhbhá
she felt a great deal of compassion

"Ara, is míle trua é"
"Alas, it is a thousand pities"
"Níor cheart go mbeadh rud ar bith chomh maith le nádúr chomh gránna"
"anything so good natured should not be so ugly"
chaith áilleacht trí mhí an-sásta sa phálás
Beauty spent three months very contentedly in the palace
gach tráthnóna thug an beithíoch cuairt uirthi
every evening the Beast paid her a visit
agus labhair siad le linn suipéar
and they talked during supper
labhair siad le tuiscint coiteann
they talked with common sense
ach níor labhair siad leis an rud ar a dtugann daoine wittiness
but they didn't talk with what people call wittiness
áilleacht fuair sé amach i gcónaí ar roinnt carachtar luachmhar sa Beithíoch
Beauty always discovered some valuable character in the Beast
agus bhí sí gotten a úsáidtear chun a deformity
and she had gotten used to his deformity
ní raibh faitíos uirthi aimsir a chuairte a thuilleadh
she didn't dread the time of his visit anymore
anois d'fhéach sí go minic ar a faire
now she often looked at her watch
agus níor fhéad sí fanacht go raibh sé a naoi a chlog
and she couldn't wait for it to be nine o'clock
óir níor theip riamh ar an bpéist teacht ar an uair sin
because the Beast never missed coming at that hour
ní raibh ach rud amháin a bhain le háilleacht
there was only one thing that concerned Beauty
gach oíche sula ndeachaigh sí a chodladh chuir an beithíoch an cheist chéanna uirthi
every night before she went to bed the Beast asked her the same question

d'fhiafraigh an ollphéist di an mbeadh sí ina bhean chéile
the monster asked her if she would be his wife
lá amháin dúirt sí leis, "Beithíoch, cuireann tú an-mhí-shuaimhneas orm"
one day she said to him, "Beast, you make me very uneasy"
"Ba mhaith liom go bhféadfainn toiliú chun tú a phósadh"
"I wish I could consent to marry you"
"Ach tá mé ró-chroíreach chun tú a chreidiúint go bpósfainn thú"
"but I am too sincere to make you believe I would marry you"
"Ní tharlóidh ár bpósadh"
"our marriage will never happen"
"Feicfidh mé mar chara thú i gcónaí"
"I shall always see you as a friend"
"Déan iarracht a bheith sásta leis seo le do thoil"
"please try to be satisfied with this"
"Caithfidh mé a bheith sásta leis seo," ars an beithíoch
"I must be satisfied with this," said the Beast
"Tá a fhios agam mo mhí-ádh féin"
"I know my own misfortune"
"Ach is breá liom tú leis an gean is tairisceana "
"but I love you with the tenderest affection"
"Mar sin féin, ba chóir dom a mheas mé féin sásta"
"However, I ought to consider myself as happy"
"agus ba chóir dom a bheith sásta go bhfanfaidh tú anseo"
"and I should be happy that you will stay here"
"Geall dom nach bhfágfaidh mé go deo"
"promise me never to leave me"
áilleacht blushed ag na focail seo
Beauty blushed at these words
lá amháin bhí áilleacht ag féachaint ina scáthán
one day Beauty was looking in her mirror
bhí a hathair buartha go raibh sé tinn di
her father had worried himself sick for her
ba mhian léi é a fheiceáil arís níos mó ná riamh
she longed to see him again more than ever

"Ní fhéadfainn geallúint nach bhfágfaidh mé go hiomlán thú"
"I could promise never to leave you entirely"
"ach tá dúil mhór agam m'athair a fheiceáil"
"but I have so great a desire to see my father"
"Bheadh mé an-trína chéile mura ndéarfá"
"I would be impossibly upset if you say no"
"B'fhearr liom féin bás a fháil," a dúirt an ollphéist
"I had rather die myself," said the monster
"B'fhearr liom bás a fháil ná míshuaimhneas a chur ort"
"I would rather die than make you feel uneasiness"
"Cuirfidh mé chuig d'athair thú"
"I will send you to your father"
"fanfaidh tú leis"
"you shall remain with him"
"agus gheobhaidh an beithíoch trua seo bás le brón ina ionad"
"and this unfortunate Beast will die with grief instead"
"Ní hea," a dúirt áilleacht, ag caoineadh
"No," said Beauty, weeping
"Is breá liom tú ró-mhór a bheith mar chúis do bháis"
"I love you too much to be the cause of your death"
"Tugaim mo ghealladh duit go bhfillfidh mé i gceann seachtaine"
"I give you my promise to return in a week"
"Tá sé léirithe agat dom go bhfuil mo dheirfiúracha pósta"
"You have shown me that my sisters are married"
"Agus mo dhearthaireacha imithe go dtí an arm"
"and my brothers have gone to the army"
"Lig dom fanacht seachtain le m'athair, mar tá sé ina aonar"
"let me stay a week with my father, as he is alone"
"Beidh tú ann maidin amárach," ars an beithíoch
"You shall be there tomorrow morning," said the Beast
"ach cuimhnigh ar do gheallladh"
"but remember your promise"
"Ní gá duit ach do fháinne a leagan ar bhord sula dtéann tú a

chodladh"
"You need only lay your ring on a table before you go to bed"
"agus ansin tabharfar ar ais duit roimh maidin"
"and then you will be brought back before the morning"
"Slán a chara áilleacht," sighed an Beithíoch
"Farewell dear Beauty," sighed the Beast
áilleacht chuaigh a chodladh an oíche sin
Beauty went to bed very sad that night
mar ní raibh sí ag iarraidh beithíoch a fheiceáil chomh buartha sin
because she didn't want to see Beast so worried
an mhaidin dár gcionn fuair sí í féin i dteach a hathar
the next morning she found herself at her father's home
rith sí cloigín beag le taobh a leapa
she rung a little bell by her bedside
agus thug an maid sgread ard
and the maid gave a loud shriek
agus rith a hathair thuas staighre
and her father ran upstairs
cheap sé go raibh sé chun bás le háthas
he thought he was going to die with joy
choinnigh sé ina arm í ar feadh ceathrú uaire an chloig
he held her in his arms for quarter of an hour
sa deireadh bhí na chéad beannachtaí thart
eventually the first greetings were over
thosaigh áilleacht ag smaoineamh ar éirí as an leaba
Beauty began to think of getting out of bed
ach thuig sí nár thug sí aon éadaí
but she realized she had brought no clothes
ach dúirt an maid léi go raibh bosca aimsithe aici
but the maid told her she had found a box
bhí an trunc mór lán de ghúna agus de ghúnaí
the large trunk was full of gowns and dresses
bhí gach gúna clúdaithe le hór agus le diamaint
each gown was covered with gold and diamonds
ghabh áilleacht buíochas le Beithíoch as a chúram cineálta

Beauty thanked Beast for his kind care
agus ghlac sí ceann de na gúnaí is simplí
and she took one of the plainest of the dresses
bhí sé ar intinn aici na gúnaí eile a thabhairt dá deirfiúracha
she intended to give the other dresses to her sisters
ach ag an smaoineamh sin an cófra éadaí imithe
but at that thought the chest of clothes disappeared
D'áitigh Beithíoch go raibh na héadaí di amháin
Beast had insisted the clothes were for her only
dúirt a hathair léi gurbh amhlaidh a bhí an scéal
her father told her that this was the case
agus láithreach tháinig an trunk de éadaí ar ais arís
and immediately the trunk of clothes came back again
áilleacht cóirithe í féin lena éadaí nua
Beauty dressed herself with her new clothes
agus idir an dá linn chuaigh maids chun teacht ar a deirfiúracha
and in the meantime maids went to find her sisters
bhí an bheirt deirfiúr lena bhfear céile
both her sister were with their husbands
ach bhí a beirt deirfiúracha an-mhíshásta
but both her sisters were very unhappy
phós a deirfiúr ba shine fear uasal an-dathúil
her eldest sister had married a very handsome gentleman
ach bhí sé chomh ceanúil air féin go ndearna sé faillí ar a bhean chéile
but he was so fond of himself that he neglected his wife
phós a dara deirfiúr fear grinn
her second sister had married a witty man
ach d'úsáid sé a chuid deisbhéalaí chun daoine a chéasadh
but he used his wittiness to torment people
agus do chrádh sé a bhean go mór mór
and he tormented his wife most of all
chonaic deirfiúracha áilleacht í gléasta mar bhanphrionsa
Beauty's sisters saw her dressed like a princess
agus bhí siad tinn le éad

and they were sickened with envy
anois bhí sí níos áille ná riamh
now she was more beautiful than ever
ní fhéadfadh a iompar gean a n-éad a stifle
her affectionate behaviour could not stifle their jealousy
d'inis sí dóibh cé chomh sásta a bhí sí leis an beithíoch
she told them how happy she was with the Beast
agus bhí a n-éad réidh le pléasctha
and their jealousy was ready to burst
Chuaigh siad síos isteach sa ghairdín chun caoineadh faoin droch-ádh a bhí orthu
They went down into the garden to cry about their misfortune
"Cén dóigh a bhfuil an créatúr beag seo níos fearr ná sinne?"
"In what way is this little creature better than us?"
"Cén fáth ar chóir di a bheith i bhfad níos sona?"
"Why should she be so much happier?"
"Deirfiúr," a dúirt an deirfiúr níos sine
"Sister," said the older sister
"smaoineamh a bhuail m'intinn"
"a thought just struck my mind"
"Déanaimis iarracht í a choinneáil anseo ar feadh níos mó ná seachtain"
"let us try to keep her here for more than a week"
"b'fhéidir go gcuirfidh sé seo fearg ar an ollphéist amaideach"
"perhaps this will enrage the silly monster"
"toisc go mbeadh a focal briste aici"
"because she would have broken her word"
"agus ansin b'fhéidir go n-íosfaidh sé í"
"and then he might devour her"
"Sin smaoineamh iontach," d'fhreagair an deirfiúr eile
"that's a great idea," answered the other sister
"caithfidh muid an oiread cineáltais agus is féidir a thaispeáint di"
"we must show her as much kindness as possible"
rinne na deirfiúracha a rún seo

the sisters made this their resolution
agus d'iompair siad go han-gheanmhar lena dheirfiúr
and they behaved very affectionately to their sister
d'éirigh droch-áilleacht le háthas as a gcineáltas go léir
poor Beauty wept for joy from all their kindness
nuair a bhí an tseachtain caite, ghlaoigh siad agus stróic siad a gcuid gruaige
when the week was expired, they cried and tore their hair
ba chosúil go raibh an oiread sin brón orthu scaradh léi
they seemed so sorry to part with her
agus gheall áilleacht fanacht seachtain níos faide
and Beauty promised to stay a week longer
Idir an dá linn, ní fhéadfadh áilleacht cabhrú le machnamh a dhéanamh uirthi féin
In the meantime, Beauty could not help reflecting on herself
bhí imní uirthi cad a bhí á dhéanamh aici don beithíoch bocht
she worried what she was doing to poor Beast
tá a fhios aici go raibh grá aici dó ó chroí
she know that she sincerely loved him
agus ba mhian léi é a fheiceáil arís
and she really longed to see him again
an deichiú oíche a chaith sí ag a hathair freisin
the tenth night she spent at her father's too
shamhlaigh sí go raibh sí sa ghairdín pálás
she dreamed she was in the palace garden
agus shamhlaigh sí go bhfaca sí an beithíoch sínte ar an bhféar
and she dreamt she saw the Beast extended on the grass
ba chosúil go raibh sé ag déanamh maíte di i nguth ag fáil bháis
he seemed to reproach her in a dying voice
agus cúisigh sé í de ingratitude
and he accused her of ingratitude
áilleacht dhúisigh as a codladh
Beauty woke up from her sleep

agus phléasc sí ina deora
and she burst into tears
"Nach bhfuil mé an-olc?"
"Am I not very wicked?"
"Nach raibh sé cruálach ormsa a bheith ag gníomhú chomh mí-chineálta leis an bpéist?"
"Was it not cruel of me to act so unkindly to the Beast?"
"Rinne Beithíoch gach rud chun mé a shásamh"
"Beast did everything to please me"
"An é a locht go bhfuil sé chomh gránna?"
"Is it his fault that he is so ugly?"
"An é an locht atá air go bhfuil an oiread sin éirimeachta aige?"
"Is it his fault that he has so little wit?"
"Tá sé cineálta agus maith, agus is leor sin"
"He is kind and good, and that is sufficient"
"Cén fáth ar dhiúltaigh mé chun pósadh dó?"
"Why did I refuse to marry him?"
"Ba chóir dom a bheith sásta leis an ollphéist"
"I should be happy with the monster"
"Féach ar fhir chéile mo dheirfiúracha"
"look at the husbands of my sisters"
"Ní maith le héirimeacht ná le bheith dathúil iad"
"neither wittiness, nor a being handsome makes them good"
"ní dhéanann ceachtar dá bhfear sásta iad"
"neither of their husbands makes them happy"
"ach a bhua, binneas na meon, agus na foighne"
"but virtue, sweetness of temper, and patience"
"Déanann na rudaí seo bean sásta"
"these things make a woman happy"
"agus tá na tréithe luachmhara seo go léir ag an beithíoch"
"and the Beast has all these valuable qualities"
"Is fíor; ní bhraithim an t-éadóchas dó"
"it is true; I do not feel the tenderness of affection for him"
"ach táim buíoch díom as"
"but I find I have the highest gratitude for him"

"agus tá an meas is mó agam air"
"and I have the highest esteem of him"
"agus is é mo chara is fearr é"
"and he is my best friend"
"Ní dhéanfaidh mé trua é"
"I will not make him miserable"
"Dá mbeinn chomh mí-ámharach ní maithfinn choíche mé"
"If were I to be so ungrateful I would never forgive myself"
chuir áilleacht a fáinne ar an mbord
Beauty put her ring on the table
agus chuaigh sí a chodladh arís
and she went to bed again
gann a bhí sí sa leaba sular thit sí ina codladh
scarce was she in bed before she fell asleep
dhúisigh sí arís an mhaidin dár gcionn
she woke up again the next morning
agus bhí an-áthas uirthi í féin a fháil i bpálás an ainmhí
and she was overjoyed to find herself in the Beast's palace
chuir sí uirthi ceann dá gúna is deise chun é a shásamh
she put on one of her nicest dress to please him
agus d'fhan sí go foighneach tráthnóna
and she patiently waited for evening
ar deireadh tháinig an mian-do uair an chloig
at last the wished-for hour came
bhuail an clog naoi, ach ní raibh aon beithíoch le feiceáil
the clock struck nine, yet no Beast appeared
bhí faitíos ar áilleacht ansin gurbh í cúis a bháis
Beauty then feared she had been the cause of his death
rith sí ag caoineadh ar fud an pháláis
she ran crying all around the palace
tar éis dó a lorg i ngach áit, chuimhnigh sí ar a aisling
after having sought for him everywhere, she remembered her dream
agus rith sí go dtí an chanáil sa ghairdín
and she ran to the canal in the garden
ann sin fuair sí beithíoch bocht sínte amach

there she found poor Beast stretched out
agus bhí sí cinnte gur mharaigh sí é
and she was sure she had killed him
chaith sí í féin air gan aon eagla
she threw herself upon him without any dread
bhí a chroí fós ag bualadh
his heart was still beating
fuair sí roinnt uisce ón gcanáil
she fetched some water from the canal
agus doirt sí an t-uisce ar a cheann
and she poured the water on his head
d'oscail an beithíoch a shúile agus labhair sé le áilleacht
the Beast opened his eyes and spoke to Beauty
"Rinne tú dearmad ar do gheallúint"
"You forgot your promise"
"Bhí mé croíbhriste gur chaill mé thú"
"I was so heartbroken to have lost you"
"Réitigh mé féin ocras"
"I resolved to starve myself"
"Ach tá áthas orm tú a fheiceáil arís"
"but I have the happiness of seeing you once more"
"Mar sin tá áthas orm bás a fháil"
"so I have the pleasure of dying satisfied"
"Ní hea, a stór," arsa áilleacht, "ní ceadmhach duit bás"
"No, dear Beast," said Beauty, "you must not die"
"Beo le bheith i mo fhear céile"
"Live to be my husband"
"Ón nóiméad seo tugaim mo lámh duit"
"from this moment I give you my hand"
"agus is dóigh liom nach bhfuil ann ach mise"
"and I swear to be none but yours"
"Och! shíl mé nach raibh agam ach cairdeas duit"
"Alas! I thought I had only a friendship for you"
"ach an grief mothaím anois ina luí orm;"
"but the grief I now feel convinces me;"
"Ní féidir liom maireachtáil gan tú"

"I cannot live without you"
áilleacht gann a dúirt na focail seo nuair a chonaic sí solas
Beauty scarce had said these words when she saw a light
an Pálás spléach le solas
the palace sparkled with light
lasadh tinte ealaíne suas an spéir
fireworks lit up the sky
agus an t-aer líonadh le ceol
and the air filled with music
thug gach rud fógra faoi imeacht iontach éigin
everything gave notice of some great event
ach d'fhéadfadh aon rud a shealbhú di aird
but nothing could hold her attention
chuaidh sí go dtí a beithíoch
she turned to her dear Beast
an beithíoch dár crith sí leis an eagla
the Beast for whom she trembled with fear
ach ba mhór an t-iontas a chonaic sí!
but her surprise was great at what she saw!
bhí an beithíoch imithe
the Beast had disappeared
ina ionad sin chonaic sí an prionsa is áille
instead she saw the loveliest prince
chuir sí deireadh leis an geasa
she had put an end to the spell
geasa faoina raibh sé cosúil le beithíoch
a spell under which he resembled a Beast
b'fhiú an prionsa seo a aird go léir
this prince was worthy of all her attention
ach ní fhéadfadh sí cabhrú ach a fhiafraí cá raibh an beithíoch
but she could not help but ask where the Beast was
"Feiceann tú ar do chosa é," a dúirt an prionsa
"You see him at your feet," said the prince
"Cháin sióg olc mé"
"A wicked fairy had condemned me"

"Bhí mé le fanacht sa chruth sin go dtí gur thoiligh banphrionsa álainn mé a phósadh"
"I was to remain in that shape until a beautiful princess agreed to marry me"

"Chuir an sióg mo thuiscint i bhfolach"
"the fairy hid my understanding"

"Bhí tusa an t-aon duine flaithiúil go leor chun a bheith uasal le maitheas mo mheon"
"you were the only one generous enough to be charmed by the goodness of my temper"

áilleacht a bhí ionadh go sona sásta
Beauty was happily surprised

agus thug sí a lámh don phrionsa deas
and she gave the charming prince her hand

chuaigh siad le chéile isteach sa chaisleán
they went together into the castle

agus bhí an-áthas ar áilleacht a hathair a fháil sa chaisleán
and Beauty was overjoyed to find her father in the castle

agus bhí a teaghlach ar fad ann freisin
and her whole family were there too

bhí fiú an bhean álainn a bhí le feiceáil ina aisling ann
even the beautiful lady that appeared in her dream was there

"áilleacht," a dúirt an bhean as an aisling
"Beauty," said the lady from the dream

"Tar agus faigh do dhuais"
"come and receive your reward"

"B'fhearr leat an bhua ná an chuma atá ort"
"you have preferred virtue over wit or looks"

"agus tá duine éigin a bhfuil na tréithe seo aontaithe tuillte agat"
"and you deserve someone in whom these qualities are united"

"Beidh tú i do bhanríon iontach"
"you are going to be a great queen"

"Tá súil agam nach laghdóidh an ríchathaoir do bhua"
"I hope the throne will not lessen your virtue"

ansin chuaidh an sióg go dtí an bheirt deirfiúracha
then the fairy turned to the two sisters
"Chonaic mé taobh istigh de do chroí"
"I have seen inside your hearts"
"agus tá a fhios agam an mailís go léir atá i do chroí"
"and I know all the malice your hearts contain"
"Beidh tú beirt ina dealbha"
"you two will become statues"
"ach coimeádfaidh tú d'intinn"
"but you will keep your minds"
"Seasfaidh tú ag geataí phálás do dheirfiúr"
"you shall stand at the gates of your sister's palace"
"Beidh sonas do dheirfiúr mar phionós agat"
"your sister's happiness shall be your punishment"
"ní bheidh tú in ann filleadh ar do iar-stáit"
"you won't be able to return to your former states"
"mura admhaíonn tú do chuid lochtanna"
"unless, you both admit your faults"
"ach tuigim go bhfanfaidh tú i gcónaí dealbha"
"but I am foresee that you will always remain statues"
"Bíonn bród, fearg, gluttony, agus díomhaointeas uaireanta faoi chois"
"pride, anger, gluttony, and idleness are sometimes conquered"
" ach is míorúiltí iad tiontú na n-intinn éad agus mailíseach"
"but the conversion of envious and malicious minds are miracles"
láithreach thug an sióg stróc lena slat
immediately the fairy gave a stroke with her wand
agus ar ball iompaíodh gach a raibh sa halla
and in a moment all that were in the hall were transported
bhí siad imithe isteach i tiarnaisí an phrionsa
they had gone into the prince's dominions
ghlac ábhair an phrionsa áthas air
the prince's subjects received him with joy
phós an sagart áilleacht agus an beithíoch

the priest married Beauty and the Beast
agus mhair sé léi blianta fada
and he lived with her many years
agus bhí a n-áthas iomlán
and their happiness was complete
toisc go raibh a n-sonas bunaithe ar bhua
because their happiness was founded on virtue

                    An Deireadh
                      The End

www.tranzlaty.com

www.ingramcontent.com/pod-product-compliance
Lightning Source LLC
Chambersburg PA
CBHW012013090526
44590CB00026B/3992